吉岡二郎 著

愛語の奇跡

良寛さまの「愛語」に
廻天の力を見た

考古堂

はじめに

今回、「日本クロアチア国際芸術交流祭」に招待を受け、東ヨーロッパのクロアチア共和国に行って来ました。そこでは、日本とクロアチアの書・絵画・彫刻・文学などの交歓会があり、出席してきたのです。私はもちろん、自分の著書『島崎における良寛』を展示して、発表をして来ました。

そこでは、「良寛さまの愛語」を中心に話して来ました。良寛さまの話も、愛語の話もヨーロッパでは初の公開だと思います。

ましてや愛語の「廻天の力」について、わたし自身もこれから申し上げる出来ごとが起きようとは、驚きです。乳母車に乗った障害児の親子と私との三人で「思い」が通じ合い、歌ったり踊ったりができたのです。それも真昼の街路樹の下でです。その事を記者会見の席で発表したら大反響。おまけに最優秀賞まで頂きました。まさに私にとっては金メダルです。

愛語には天地をひっくり返すほどの力があったんですね。全身に興奮と震えがきました。

このことを皆様に紹介したいと思います。


良寛さまは、今から二百五十年ほど前に出雲崎町で生まれ、長岡市の島崎で亡くなられたお坊さんです。良寛さまの「書」は、日本では空海・弘法大師様と並んで二大双璧の達人です。その詩歌は良寛さまよりうまい人はいないといわれ、生き方は、道元禅師の「四摂法《ししょうほう》」の通り生き、そして子供を愛して共に遊び、むろん大人たちにも慕われた人です。

良寛さまの「愛語」は、私にとって、それを知ってから五十年も経って実現した不思議な体験でした。いや『奇跡』であると言った方がいいかも知れません。愛語にある「廻天の力」に出逢ったからです。思い出すたびに、今でも震えがきます。

まだ私は、二十歳代の大学を出たばかりで、縁あって島崎の木村家（良寛様の亡くなったお宅）に下宿させてもらっていた頃のお話です。

愛語に出逢って、その文の素晴らしさ、きまじめな文章、愛語の不思議さ、多感な頃の思い、そんな若い日の思い出がいっぱいつまっておりますものが、八十歳近くの今になって、初めて愛語の「廻天の力」に遭遇するという衝撃的な出来ごとです。それも遠い東欧のクロアチアでのことですから不思議です。

私がこれまで長寿を保ってきたからこその出来ごとです。日本人として長生きできたおかげですね。

さて、「愛語」についてですが、曹洞宗の開祖・道元禅師の著された『正法眼蔵』に書いてある教えです。これは、曹洞宗の最も重要な根本経典であると同時に、日本の生んだ最高の哲学書ともいわれている教えです。

『正法眼蔵』とは、仏の心・仏法そのもの、「正伝の仏法」をさすものです。体験的修行によって得られた「悟り」の世界を、『正法眼蔵』として示されたものです。

その中にある、「四摂法」とは、布施、愛語、利行、同事のことで、仏法そのものの修行を言います、社会生活をして行く上で、欠かすことのできない「四つの徳」のことです。

布施とは、お坊さんの場合、お経によって安らぎを施す事。

愛語とは、優しい言葉で話す事。

利行とは、相手の為になるように考えてあげる事。

同事とは、相手と同じ立場に立って、感じたり実践したりする事です。

この四つは特に、人づきあいでは大事ですが、中でも良寛さまは愛語を大事になさいました。そして「愛語」を死ぬまで大切にし、生活に役立てておられました。

良寛さまは自分の話を反省し、「あんなまずいことを言ってしまったが、今度から言わないよう、行わないようにしよう」との「戒語」を沢山残していらっしゃいます。木村家の台所の柱には、「愛語」の全文がA４判の半紙に写して、貼ってありました。五十年たった今はじめて、愛語を使っていると「天地がひっくり返るほどのことが起きますよ」ということを体験しました。

まさに、「廻天」に出逢ったのです。

愛語ヨク　廻天ノカ《チカ》ラアルコトヲ　学スベキナリ。

を、日本でなく、東ヨーロッパのクロアチアで学んで来ました。

不思議ですね。これが奇跡でなくて何でしょう。

当時、木村家の「テイおばあちゃま」が、また偉い方で、私の人生の先生であり、良寛さまみたいな方で、良寛さまについて知らない事はないといわれておりました。

「良寛さまの真似しょういね」

が、口癖で私に言って、そして、実践しておられました。

日本人が外国に行って「良寛さま」や「愛語」を話す。そんなことがありましたでしょうか。本邦初の出来事かと思います。

その愛語が国は違っても、肌の色が違っても、言葉が通じなくとも、優しく温かい愛語は通じたんです。まさに世界共通の思いです。
ぜひ皆さま方に紹介しましょう。

平成二十四年三月

目次

はじめに……3
第一部　愛語について……15
第二部　クロアチアにて……51
あとがき……98

日本クロアチア国際芸術交流祭への招待

クロアチアの首都ザグレブ市の美しい街並みの散策を楽しむ

ザグレブの街並みのひとり歩きを楽しんでいるとき、ダニー坊やと母親に遭遇して、良寛さんの愛語の奇跡を体験

「日本クロアチア国際芸術交流祭」を開催のザグレブ民俗博物館

ザグレブ民俗博物館の展示会場にて
クロアチア美人と記念撮影

ザグレブ民俗博物館ダーモダル・フラン館長より
表彰式で賞状を授与

栄誉をたたえる記念の
楯をいただく

赤じゅうたんの階段の上での
表彰式

展示会場内にて通訳を交えて記者会見。
良寛さんと愛語の奇跡を発表

Međunarodni japansko-hrvatski susret umjetnika
„ Japan susreće Zagreb "

– Izložba povodom 20. obljetnice uspostave
diplomatskih odnosa između Japana i Republike Hrvatske–

Congratulates

Jiro Yoshioka

It is truly an honor to present you with the

The Greatest Award of International Exchange in Croatia

as a winner of
"Međunarodni japansko-hrvatski susret umjetnika
„ Japan susreće Zagreb ""
held at the Museum of Croatian Museum of Ethnology

We would like to graciously thank you for allowing us
to partake in the viewing of your marvelous work of art.
This magnificent piece has revealed to us a side of
Japanese culture we were unaware of.
Your contribution to this exhibition has ensured its success.

Congratulations and best wishes for continued success
in all your future endeavors.

10th September 2013

クロアチア国際芸術交流祭
The Greatest Award
（最高賞）の賞状

著書『島崎における良寛』と
愛語の説明板

第一部　愛語について

今まで良寛さまについて文章や本を書いて来ましたが、そのバックボーンは愛語でした。

いろんな見方があるでしょうが良寛さまの生きざま、そのものが愛語だからです。人間一人では生きられません。

いかなるが　苦しきものと　問ふならば　人を隔つる　心と答へよ

と良寛さま自身の歌にあるように、ご自身は独り暮らしではありましたが、一人で生きたわけではありません。むしろ、誰よりも「人恋し」と思って生きられたであろう、そんな詩や歌がたくさん残っています。

それでは、愛語からお話ししましょう。次を心安らかに読んでください。

愛語《あいご》

愛語《あいご》ト云《い》ハ　衆生《しゅじょう》ヲ見《み》ルニ　マズ慈愛《じあい》ノ心《こころ》ヲオコシ

顧愛《コあい》ノ言語《げんご》ヲ　ホドコスナリ　ホヨソ《お》暴悪《ボウあく》ノ言語《げんご》ナキナリ

世俗《せぞく》ニハ安否《あんぴ》ヲトフ礼儀《れいぎ》アリ

仏道《ぶつどう》ニハ　珍重《ちんちょう》ノコトバアリ　不審《ふシン》ノ孝行《こうぎょう》アリ

慈念《じねん》　衆生《しゅじょう》　猶如《ゆうにょ》　赤子《しゃくし》ノオモヒヲ　タクハヘテ言語《げんご》スルハ愛語《あいご》ナリ

徳《とく》アルハ　ホムベシ　徳《とく》ナキハ　アハレムベシ

愛語《あいご》ヲコノムヨリハ　ヤウヤク愛語《あいご》ヲ増長《ぞうちょう》スルナリ
シカアレバ　ヒゴロシラレズ　ミヘザル愛語《あいご》モ現前《げんぜん》スルナリ
現在《げんざい》ノ身命《しんみょう》ノ存《そん》スルアヒダ　コノンデ愛語《あいご》スベシ
世々《せぜ》生々《しょうじょう》ニモ不退転《ふたいてん》ナラン　怨敵《おんてき》ヲ降伏《ごうぷく》シ
君子《くんし》ヲ和睦《わぼく》ナラシムルコト　愛語《あいご》ヲ本《もと》トスルナリ
向《むかい》テ愛語《あいご》ヲキクハ　ヲモテヲヨロコバシメ
コ、ロヲ楽《たの》シクス

向《む》カハズシテ愛語《あいご》ヲキクハ　肝《きも》ニ銘《めい》ジ　魂《たましい》ニ銘《めい》ズ
シルベシ愛語《あいご》ハ愛心《あいしん》ヨリオコル
愛心《あいしん》ハ慈心《じしん》ヲ種子《タ子(ネ)》トセリ
愛語《あいご》ヨク廻天《かいてん》ノ力《チカ》ラアルコトヲ学《がく》スベキナリ
タヾ能《ハサ》ヲ賞《しょう》スルノミニアラズ

沙門良寛謹書《さもんりょうかんきんしょ》

どうでしょう、付け足す所もなければ、余分なところもない凄い文章だと思いませんか。これを良寛さまは木村家に残しておられます。

第一部　愛語について

長岡駅の良寛像

この愛語を良寛さまが精魂を傾けて、記憶の限り書いて木村家に遺しておられたのです。そしてこの書き遺された写しが、みんなのいる台所の大きな柱に貼ってあるのです。いやだって、四六時中　目に飛び込んできます。一見して良寛さまが書かれたんだという事が分かります。これは、私が初めて教員になって、良寛さまの亡くなった木村家に下宿させてもらった時の「愛語」の話です。ところが、貼ってある愛語を読んでみると、この文章には、言いたいことがはっきりしていて、付け足すところもなければ、要らないところもないのです。凄い文章です。

「おばあちゃま、この貼ってある愛語の〈曰く因縁〉について聞かせて下さい」「ああ、これはのう、良い事が書いてあるんで、おらも真似しようと思ってさ。ほら言うじゃないの。言葉の乱れは、国の乱れの元だって…」

戦争に負けたばかりの日本。おかしな言葉があちこちで聞かれます。そういえば「ゴジラ」映画がでた頃だかな…。良寛没後百五十回忌の良寛ブーム（?）

木村家の「テイおばあちゃま」

だった頃です。木村家では率先して、愛語による言葉の浄化をめざしておられたのです。そこで話された愛語の訳は、おおよそ次のようなものでした。ところが、「おばあちゃま」の方が、よっぽど字を知っていらっしゃいました。参考ながら訳してみましょう。

「愛語」に出てくる言葉の意味

愛語　優しい言葉
衆生　生きとし生きるもの　すべての人々
慈愛　いつくしみ　情け深さ
顧愛　思いやり
珍重　相手を尊ぶ
不審の孝行　ゆるぎない師弟愛　敬老心
猶如　ちょうど～のように
徳　良い所

愛語の増長
世々生々
不退転
怨敵
君子
向テ
ヲモテ
向カハズシテ
肝ニ銘ジ
魂ニ銘ズ
慈心を種子トセリ
廻天の力
学ス
能

優しい言葉が増して来る
後々の世　何時までも
怠けてはなりません
うらみのある敵
権力者
面と向かって
顔
人づたいに
心にしみる
心底魂を揺さぶる
慈愛の心を種に大きくなる
天地をひっくり返す
知る　学ぶ
その人の愛語の話し方の技能

沙門　　　　　　　僧、出家して修行する人

意味はおよそ次の様です。

愛語は優しい言葉です。乱暴な言葉ではありません。優しい言葉は、優しく聞こえる事です。朝起きれば、だれかに会うでしょう。「お早うございます」「お元気ですか」と、言葉を交わすでしょう。そのとき、赤ちゃんに接する時のような気持ちや心で、話す事です。そういう気持ちで出会った人と挨拶を交わしましょう。

仏法でも皆さんと同じような合掌・礼拝する挨拶があります。そして、良いところを褒めてあげましょう。

徳の見つからない人には、徳を積むように元気づけてあげましょう。

愛語の優しいのは、言葉だけではありません。優しい態度もあれば、動作もあれば、歌だってありましょう。いろいろな優しい言葉をかけてあげてくださ

第一部　愛語について

愛語

愛語と云うものは
まず相手を合掌礼拝して
慈愛の心を起こし
顧愛の言葉で話す事です
乱暴な言葉ではありません
世間にはお元気ですかと
問う礼儀があります
赤ちゃんに話すような
気持ちを持って話す事
それガ愛語です
よい所を見つけて褒めなさい
愛語を遣っていると
ふだんみえない愛語ガ
見えて来ます
命の続く限り
喜んで愛語を遣いなさい
決して怠けてはいけません
怨敵を降伏させ
大将をも仲良くさせること
それは愛語ガ　本《モト》ですよ
面と向って褒められると
うれしいものですし
心を楽しくしてくれます
影で褒められれば
生涯忘れられないものとなります
繰り返すが
愛語は愛心より起こります
愛心は慈心を種とします
愛語は天地をひっくり返す力が
あることを学ぶべきです
相手を喜ばす
そんな小さな事だけではありません

沙門良寛謹書

"Aigo" or the words of "love"

"Aigo" or the words of "love" is the way of talking, firstly by putting your hands together with love and compassion, and in the language of love and affection avoiding rude and rough words.

Customarily people care each other by asking how they are, and the Buddhism teaches us to take good care of ourselves.
Likewise talk to others as though you were attending the infants. That is Aigo.

Try to find out something commendable and praise them.

As you speak the more Aigo, the more Aigo appear before you.

Be willing to use Aigo as long as you live, don't be lazy.

Aigo is the basis that allows the enemies to come together and kings to form mutual friendships.

Praising in their presence make them happy, and doing so in their absence would be remembered all their lives.

Aigo arises from "Aishin", heart of love, which originates in compassion.

Be aware that Aigo has enormous power even to change the whole world, more than just pleasing a few individuals.

友人から訳してもらった愛語の英訳（およその意）

い。

そうするとだんだん愛語が増えて来まして、相手をする人は気持ちが安らいできます。

決して怠けないで、一生死ぬまで続けてくださいね。

お坊さんや芸術家・スポーツマンを見ればお分かりでしょう。練習を一日休むと三日戻ると言われます。続けるってことが、いかに覚悟がいるか、大変か、懸命な努力がいるか、難しいことか、お分かりのはずです。命が続く限り、続けてください。良寛さまは、二十歳くらいから死ぬまでの毎日、愛語を続けられました。そうすると、今まで憎らしいと思っていた敵でも、許してあげたり、相手国の大将をも、また権力者をも、仲良くさせるものです。それもこれも、愛語の力によるものです。だって、面と向かって褒められれば嬉しいものですし、さらに陰で自分のことが褒められているのを聞けば、もっと嬉しく、いつまでも忘れられないものです。

だから、愛語は「愛の心」より起こります。「愛の心」は相手を「いつくしむ心」をもたねばなりません。そして、愛語を使っていれば、いつかは、「天地をもひっくり返す」ほどのことが起こりますよ。

ただ、優しい言葉だけを求めていれば良いという、技能だけの問題ではありませんよ。

良寛さまの凄い所は、一度決めたら一生守る事です。一生とは死ぬまでです。何時死ぬか分からない、その日まで続けるという事です。

良寛さまは愛語について、「暴悪ノ言葉ナキナリ」と言っていますが、腹を立てることは無かったのだろうか。乱暴な言葉を使ったことはなかったのでしょうか。人間だもの、あったに違いありません。しかし、できるだけ表に出さなかったのだろうと思います。

円通寺で愛語に出逢ってから、死ぬまで（約五十年間）ですから…。それも怒らず、腹を立てずに、っていうものですから、大変な努力でしょう。いや、すでに座禅と同じように、もう修行だったのでしょう。それは、毎日ご飯を頂くことと同じでしょう。続けるってことが、いかに難しいことか、大変なことかが、つくづく分かります。

良寛さまの精神に影響を与えたのは無論、円通寺の国仙和尚でしょう。こと愛語に関しては道元禅師様の教えでしょう。しかし、それを実践したのが良寛さまですから「良寛さまの愛語」です。それを実践しようという木村家の「おばあちゃま」には、本当に心から、頭が下がります。

木村家に下宿させてもらったのは、どういう因縁でしょうね。「おばあちゃま」に出逢って、いろんなことに「おばあちゃま」を人生の師と仰ぎました。だって歎異抄の親鸞様も、道元様も勉強しておられたのですから…。

「愛語には、いろんなことが書いてあるが、守れるところから守ろいね。お前さんは学校の先生だすけ、『愛語』に書いてあることは、ぜひ一つ、二つは実行しようといね。だって愛語は読物ではありません。実践する所に意義があるんでしょう」

「守れるところから守ればいいこてさ」だって。むろん叱ることだってありましょう。腹を立てずに、それは難しな…。ひときわ、叱るってことは難しいですよね。諭すんでしょうから。なかなか出来るものではありませんよ。教員として守ることはなんだろう。子供たちが一番嫌がることはなんでしょう。

それは「えこひいき」。好きな子、嫌いな子を作ることだろう。だったら、「好き・嫌い」の子を作らない。これだけでもやって見ようかなと思ったものです。

私が木村家にお世話になったばかりの頃、こんなことがありました。

私は人参が嫌いで、生まれた時から食べたことがありませんでした。

ある日の朝。「ご飯ですよ」の声に、台所の自分の席に着いて驚いた。食べたことのない人参がお膳についているではありませんか。私は嫌いで食べたことがありませんでしたから、残しました。

お昼になりました。「ご飯ですよ」と言われ席に着いて、ふと見ると、朝の残りの人参が、私の膳にだけついてるではありませんか。サー、どうしましょう。家の皆さんは知らんふりして、いつもと変わらずご飯を食べていらっしゃいます。うーん。冷や汗を流しながら目をつむって、また残しました。

「夕飯ですよー」の声。

ええっー、ど、どうなってるのー。温め直して手を加えた人参がまた載っているではありませんか。首うなだれて、「どうしよう」って思っているとおばあちゃまが、

「先生、食べ物の好き嫌いは、人の好き嫌いに通じますよ。先生に嫌われた子はどうなるんですか」

「…?」

返答のしようがありません。

「おら家《ち》の人参は特に美味《おい》しいから、初めは鼻つまんでもいいすけ、食べてごらん」

さあー、もう進退ここに極まったリー
冷や汗だらだら、清水の舞台から飛び降りるつもりで、深呼吸。大きく息を

し、そのまま止めて。大口を空けて、ガシガシって、ほとんど丸飲み、ごくん。味なんて分かりません。

一気に飲み込みました。じーっと見ておられたおばあちゃま。人参がのど仏を通るか通らないかの時を見計らって、

「ほら、美味しかったでしょう」

つられて、「あぁー、うまかった」

それ以来、何でも食べられるようになりました。

何故、私だけが木村家にお世話になったのか、いまでも不思議です。でも…、そのお蔭で今、良寛さまのことを書くことになったのかな。
当時　木村家では、良寛さまの書の掛軸や屏風など宝物のつまった蔵を開放し、展示しておられました。その説明を、「ご主人」と「おばあちゃま」がやっておられました。こんな風にです。

良寛さまはいつも毬を持っていらっしゃって、子供と毬つきをして…。

だから、「袖裏毬子直千金」の、この書を遺されました。

「門前の小僧、習わぬ経を読む」で、私も勉強をさせていただいておりました。

木村家では、朝のお務めの「リーン」で目が覚め、ああ、今日もお務め、立派なものだな。と思っていましたが、ご先祖様へのお務めばかりではなかったのです。

それは、「家内全部で昨日を反省し、今日をこのように生きよう」との反省と実践目標とがあったんです。昨日の日常態度の反省をしっかりやって、今日はこのように生きよう、って。やっと今、誰にも邪魔されない時間を持つ事の意味が分かって来ました。

現代人に今、必要な事。それがこの、誰にも邪魔されない、ご先祖に対して自分自身の反省と実践目標を誓う時間だろうと思います。その時間が無いから、世の中が乱れに乱れているのではありませんか。
私が書いてきた『島崎における良寛』の本も、ほとんどが五十年も前に木村家で見聞きした、「体験した」ことばかりです。だから、わたしは、どんな事を書こうとも、おばあちゃまの手のひらから一歩も出ていない様なものです。『西遊記』に出て来る、孫悟空が金斗雲に乗って一日中走り回って地の果てだと思って、そこの岩に文字を書いてきた。ところがそれは、お釈迦様の中指だった。それとまったく同じでした。

愛語ト云ハ、衆生ヲ見ルニ　マヅ慈愛ノ心ヲオコシ　顧愛ノ言語ヲ　ホドコスナリ　ホヨソ暴悪ノ言語ナキナリ…
徳アルハ　ホムベシ

この「徳アルハ　ホムベシ」、これがいちばん好きなんだがと、おばあちゃま。人間は生まれつきの悪人はいないですよ。ただ環境がそうさせるんです

良寛と貞心尼の出会いの像

よ、だって。悪い仲間といれば、当然　言葉も悪くなるし、気も荒くなります。慈愛の心が起こるかどうか難しいですね。

衆生とは人間だけではなく、動物・植物もはいります。

良寛さまは、愛語を話すための『戒語』、それを自分の戒めとして残していますす。貞心尼は良寛さまの戒語を九十ケ条に纏めていますが、その中にあるものを抜き出してみます。

「口の早き」

決して早口で、話してはいけません。ゆっくり、言葉を噛みしめながら、話さねば血となり肉となりません。

「間の切れぬようにものいう」

立て板に水が流れるように物を言ってはなりません。

「もの言いの果てしなき」

止めどなく話が続くようでは困ります。

それを俳句なら十七文字、短歌なら三十一文字で済みます。詩歌にすると、「思い」は少ない文字で済みますが、詩歌には言い尽くせぬ思いが含まれます。良寛さま自身には、戒語は二十種、一千項目余からあったといいます。いかに愛語を大切にしていたか、そして、人と話す時にも相手を重んじ、言葉を大切にしていたかが分かります。

だから良寛さまの手紙は簡潔、そした和歌が多いのでしょう。和歌は文字数が決まっていて内容は豊富です。最初の貞心尼との出会いをみてみましょうか。

時は、文政十年、良寛さま七十歳貞心尼三十歳のとき、二人の出会いが実現するのです。

秋のことでした。炉を挟んで向かい合った二人。

初めて　あひ見たてまつりて

恐る恐る貞心尼が言います。どんな言葉が返って来るだろうと思って歌いました。

正師（真実の師、言う事とやる事とが一致する人）だと、貞心尼はとっさに感じました。良寛さまも、留守中の手まりのお土産といい、歌の奥深さといい、非凡な才能を見抜き、弟子に相応しいと感じたのでしょうね。

君にかく　あひ見ることの　嬉しさも
　まだ覚めやらぬ　夢かとぞ思ふ
　　　　　　　　　　　　貞心

嬉しさも、夢のようです

最高の人との出会い。畏敬、尊敬、そして、緊張と嬉しさでもう、恥ずかしさなんぞ忘れて、上の空です。一気に夢のようですと、想いのたけをぶつけています。

禅師の君（良寛さま）に、このように親しく面と向かい合って、お会いでき

多年草の芭蕉が木村家の良寛の庵の窓前にあった

るなんて思ってもいませんでした。思っていた以上の優しさを感じ、嬉しさでいっぱいです。なんだか、まだ夢を見ているようで、と、胸の内。

良寛さまも初めての対面です。貞心尼の立ち居振るまい、声の調子、気持ちの表れなどを静かに眺めていましたが、やがて静かな口調で、返しました。

（現実も夢も同じであるこの世の事は、一夜の出来ごとのようだとの思いで）

夢の世に　かつまどろみて　夢をまた
語るも夢も　それがまにまに
良寛

「それがまにまに」だって、何と優しい事でしょう。現実も夢も無いのよ、思ったことを話しましょう。何と嬉しい言葉でしょう。夢のようです。これに対して、貞心尼の想いをくみ取って、「夢の世に」と「夢」を受けて答えてお られます。「夢のままでいいのです」と話を発展させ、貞心尼の気持ちを楽に させ、話しやすくしてくれたのです。

およその意味は、

はかない夢のようなこの世の中で、うとうとと眠って夢を見て、またその夢を語ったり、夢を見たりするのも、成り行き任せにしましょう。遠慮なく何でも話しましょう。

夢も現《うつつ》もみな同じようなものです。今話している、その「今」を大事にしましょう。

歌にすれば何文字でもありませんが、この心情を書くとしたら何ページあっても足りないことに気付くでしょう。

木村家でぼんやり見過ごしてきた事がいっぱいあります。それらの数々を思い出し『島崎における良寛』の本を書いてきたつもりです。でも「良寛さまへの思い」の万分の一も伝わらなかったと、つくづく思います。

良寛さまの書は、一本の線でもさわると手が切れるかと思ったり、漢詩でも読んでるだけで凄い風景が目の前に現れたり、歌だって、自分もその歌に参加しているような錯覚に陥ったりします。

木村家ではそんな不思議な出会いはいろいろ経験していらっしゃるようですが、私には、そのような経験は一度もありませんでした。

愛語・書・歌・その心。その少しでも、匂いを嗅げればと思ってはいるのですが、なかなか。ところが、どうしたことでありましょう。とんでもない「サプライズ」が五十年もたって、やっと起こったのです。

クロアチアで「愛語の奇跡」に出会ったのです。

ところで良寛さまは人々に「出会い」があるのは、偶然なんかではないんだ。それは運命なんだ。意味のあることなんだ。天帝だけが知っている道なんだ。その道を皆は歩いているだけなんだ。日常の生活ぶりからして、そう思わせるからねー。良寛さまも「出会いは偶然ではない」それは天の帝則に従っているんだと言っています。運命だというのでしょうね。

以下の三条地震の時の書簡と、「花と蝶」の詩にそれが見られます。

災難に逢う時節には、
災難に逢うがよく候
これはこれ　災難をのがるる妙法にて候

この前の東北大地震の時、そんなこと言えば袋叩きにされたでしょうが、良寛さまはそういう天命を信じて生きてこられた人だと思うのです。さらに自作の詩に、

花は無心にして蝶を招き
蝶は無心にして花を尋ねる
花開く時　蝶来り
蝶来るとき時　花開く
我もまた人を知らず
人もまた我を知らず

知らずして、帝の則に従う

蝶だって無心、花だって無心。それなのに花が開くと、蝶がやって来る。人だって無心。我もその人を知らない。知らないで出逢っても、出逢うべくして出逢う。これは天が決めたことなんだ。

逃げようが、隠れようが、誰も居なくっても「天」は見ていらっしゃるんですね。今は悪い事をしても「天が見ていらっしゃる」から、そんなことはしちゃいかんとは、言わないのですかねー。

それにしても、良寛さまって「災難に逢う時には、災難に逢いなさい。出逢いは天の帝則なんだ」。まったく自然体の運命論者ですね

詩歌や書といった芸術分野での良寛さまは、並ぶべき人がいないほどです。

生前の良寛さまを見聞きしていた、牧が花（分水町）の解良栄重《よししげ》が書き残し

た『良寛禅師奇話』に、味わい深いものがたくさん載っているので紹介しましょう。

師、常に黙々として、動作閑雅にしてあまりあるが如し、心広ければ体豊かなりとはこの事であろう。

師、忘れものが多く、そのため書きつけて置いた。その書きつけも忘れてしまった。

師、読経の声、はらわたにしみ透った。聞く者は心から有り難いと思い、信心の心を起こさずにはおられなかった。

師、毬つき、おはじき、若菜摘み、草相撲など、子供たちと群れをなして遊んだ。

ある日、市場でセリを見ていて一貫、二貫とせり上がるごとに余りの高値に、驚いて身体をそらした。それを見た子供たちが、遊びに一貫、二貫三貫と言うので、しまいには倒れてしまう。それがおもしろくて、一貫、二貫、三貫と言って遊ぶ。そして倒れると、良寛さまのお葬式が始まる。木の箕や枝を体にのせて「南無阿弥陀仏」と、囃したてる。

師、平生、喜怒を表したことがなく、失言もなく、愛語で話す。飲食起居は悠楊として、愚人の様であった。

師、自分の持ち物には「おれがの」と書いて大切にした。人から借りた本にまで「おれがの」「ほんにおれがの」と書かれた。

師、よく人の為に病気の看護や身の回りの世話をしておられた。

師、手拭いで顔を隠して、女のように品よく踊った。そばで師なる事を知っている人に、「この女子はかっこいい子だなー」と言われ、ますます調子に乗って、踊られた。

師、我が家に三、四日泊まられた。上下自から仲良くし、和やかな気分になった。師が帰られても当分の間は、家の中が自然と和やかになっていた。

ある尼が、師が亡くなったあと、棺に納めた師をもう一度見たいとかけつけた。哀痛の情にたまりかね、棺を開いた所、禅師端然とそこにあり、威厳をもって、まるで生きているようであったという。

師はいつも、大忍国仙和尚からいただいた印可の偈《げ》（僧の卒業証書）を肌身離さず持っておられた。

良や愚の如く　道うたた寛《ひろ》し
騰騰任運　誰か看ることを得む
為に附す　山形爛藤《らんとう》の杖
至る処　壁間に午睡閑《しずか》なり

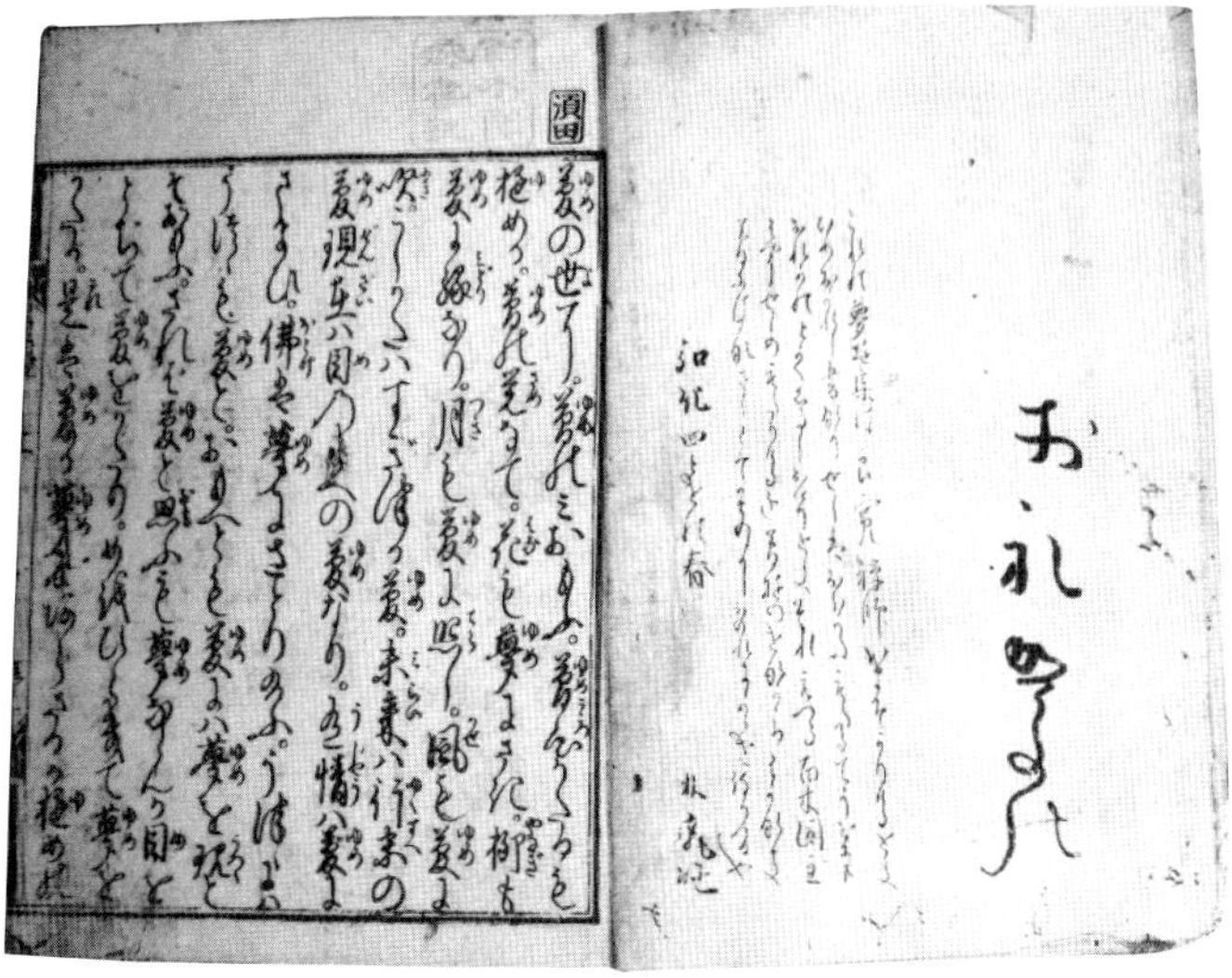

「おれがの」の書き込みのある本

（良寛や、お前は愚のように見えるが、誰も及ぶところが無い。今、爛藤の杖を与えるが、わしの分身だと思って生涯離すな）

慎重で思慮深く、動作は、遅いようです。これもみんな愛語のせいでしょうか。

死が訪れるまで、世々生々にも不退転なからんと言っておられる。それが見事に実行されているではありませんか。

良寛さまを山に例えたらどれくらい高い山になるか。そして峰々のヒダはどれだけ凄いものになるか、そしてまたまた山肌は柔らかく、温かいものであるか。

わたしらの遠く及ぶところではありません。良寛さまを書いた「本」は読んだら真似しなくてはならないものばかりです。生きることそれ自体が修行・実践の書であります。いい事は「真似しょういの」とおっしゃる「おばあちゃま」

は、もう良寛さまその人です。

また木村家には、全国からいろんな良寛研究の方々がおいでになり、ご自分の研究の一端を披露して行かれるものですから、良寛研究がますます深まっていくんでしょう。私もときには仲間に入れていただきました。心月輪の話題。「月の兎」のみたりの友。墨美（書）についてなどなど。いろんな話を聞かせていただきました。

木村家の方々はそれが随分血となり肉となってゆき、おばあちゃまのことは、良寛さまと呼ばれていました。

第二部　クロアチアにて

前座が長すぎたようですが、いちおう良寛さまのことが分かっていただいたとして、クロアチアの『廻天の力』に戻ります。

拙著『島崎における良寛』を国立国会図書館に謹呈したところ、二年もたってから、誰かが「面白い本だ」と見つけてくれ、この度の日本クロアチア国際芸術交流祭に招待され、そして、クロアチアという国に行って来ました。何故、何万冊もある本の中で『島崎における良寛』だったのか、基本となるテーマは、「愛語」ですので、なぜ「愛語」だったのか、やっぱり廻天の力だったのでしょうか。事実はまさに小説より奇なり、ですね。

しかし、行く前までは、クロアチアが何処にあるのかさえ分かりませんでした。案内状が来てそれからあわてて、拙著の内容の「あらすじ」を英訳したり、

セレモニー及び展示会場のザグレブ民俗博物館

準備に掛りました。

この交流祭は、七月にクロアチアが「ＥＵ」に加盟することになった記念に、日本とクロアチアの国際芸術交流祭が開かれることになりました。国際芸術交流祭ですので、日本画、洋画、書、彫刻、短歌、書籍などの両国の国際芸術見本市の様なものです。

『島崎における良寛』を書いた目的は、愛語を皆様から分かって使っていただく事です。この度、交流祭に招待されるまでは、クロアチアがどこにあるのかさえ分かりませんでした。案内状が来てから、準備したので落ちがたくさんありました。

この交流祭に駐日大使をはじめ、ザグレブ市長、クロアチア民俗博物館長さんたちが出席されるというのです。一番新しく、しかも一番の力作を、それぞれの作家が腕を振ったものので、それが所狭しと並べられました。私は、書籍部

島崎における良寛

吉岡　二郎

良寛さんと親しみを込めて呼ばれ、子どもと遊んでいる良寛。その名前を知らない者は日本にはいないでしょう。

しかし、実態は未だよく知られていないのです。島崎での良寛は、わずか4年の間に歌を120首、漢詩を30、書は数知れず、しかもその「書」は空海と並び、日本の二大双璧といわれています。

jedan od najsjajnijih i najblistavijih u povijesti, pod staranjem svojega učenika Teishina.
U ono vrijeme imati 70 godina bilo je kao danas imati 90. Duh koji je pokretao kreativni polet, bezgranična mašta u tradicionalnoj umjetnosti i neprestano prihvaćanje izazova čak i u toj dobi, kvaliteta je koju Japanci danas trebaju više od ičega. Njegov je govor bio ispunjen blagim riječima. Zadovoljan što je napustio svoj "udes u nebo", živio je svoj život u prirodnom skladu sa svim ljudima oko sebe, bez obzira na njihov položaj.

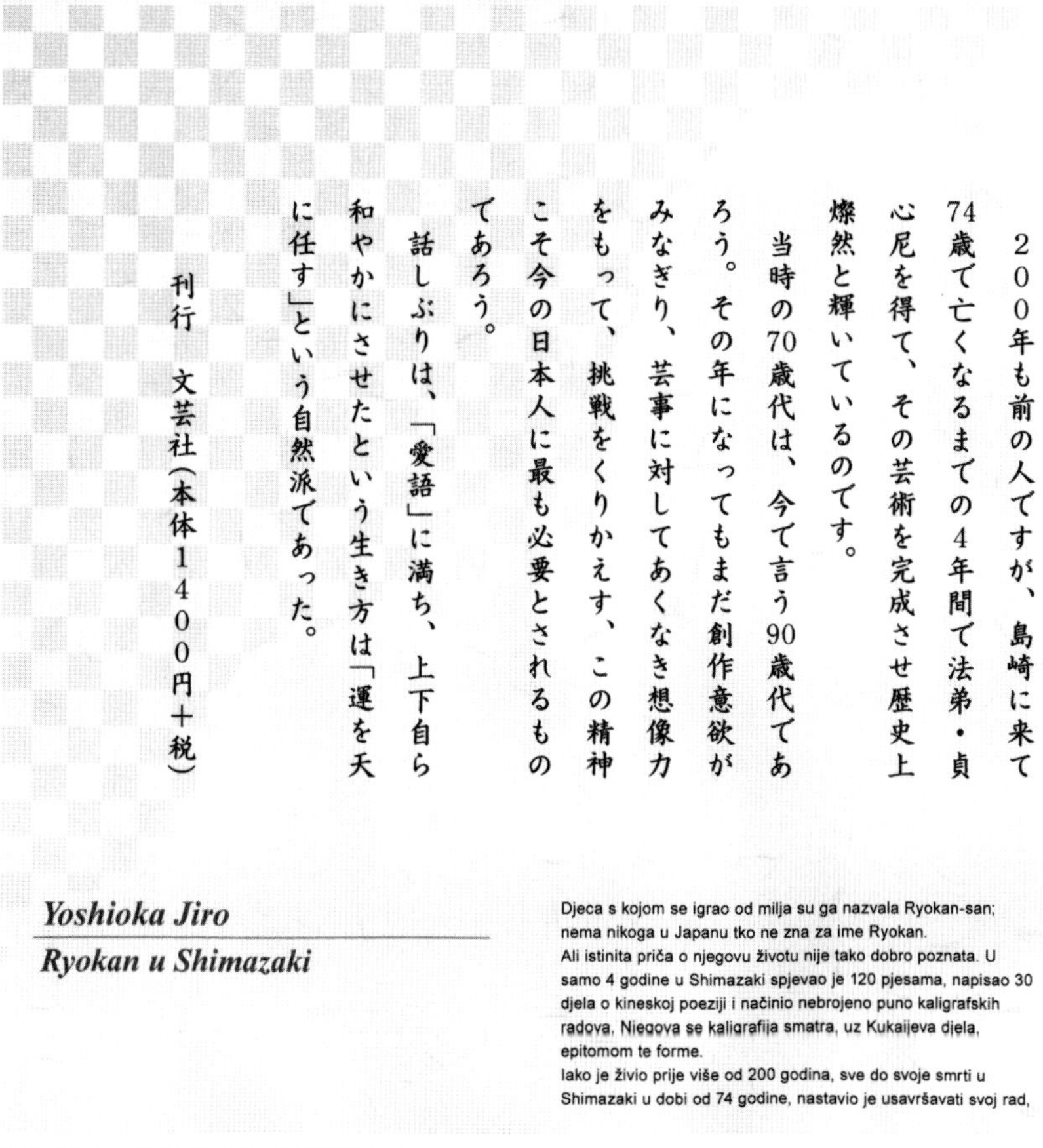

２００年も前の人ですが、島崎に来て74歳で亡くなるまでの４年間で法弟・貞心尼を得て、その芸術を完成させ歴史上燦然と輝いているのです。

当時の70歳代は、今で言う90歳代であろう。その年になってもまだ創作意欲がみなぎり、芸事に対してあくなき想像力をもって、挑戦をくりかえす、この精神こそ今の日本人に最も必要とされるものであろう。

話しぶりは、「愛語」に満ち、上下自ら和やかにさせたという生き方は「運を天に任す」という自然派であった。

刊行　文芸社（本体１４００円＋税）

Yoshioka Jiro

Ryokan u Shimazaki

Djeca s kojom se igrao od milja su ga nazvala Ryokan-san; nema nikoga u Japanu tko ne zna za ime Ryokan.
Ali istinita priča o njegovu životu nije tako dobro poznata. U samo 4 godine u Shimazaki spjevao je 120 pjesama, napisao 30 djela o kineskoj poeziji i načinio nebrojeno puno kaligrafskih radova. Njegova se kaligrafija smatra, uz Kukaijeva djela, epitomom te forme.
Iako je živio prije više od 200 godina, sve do svoje smrti u Shimazaki u dobi od 74 godine, nastavio je usavršavati svoj rad,

『島崎における良寛』の英文紹介

門で、『島崎における良寛』の本と、その英訳したものが展示されていました。開催期間は約一ヵ月間開かれていました。私は、開会式の方に出席しました。

行程は往きに飛行機を乗り継いで二日、現地には三日いました。一日目は自由行動でした。この日に奇跡が起きたのです。二日目はクロアチアの首都ザグレブ市内を案内してもらいました。さすが首都だけあって落ち着いた美しい町でした。

三日目が開会式レセプション、記者会見、そして会食会でした。四日目にはもう帰国です。

クロアチアって遠い遠いヨーロッパの国です。地図でいえば地中海にたれさがったくつ下のようなイタリアがあって、その右側にアドリア海があって、その右側の国です。人口は約四百五十万人。

九州と四国を合わせたくらいの小さな国です。飛行機を乗り継いで二日もかかるんです。成田の空港で、諸手続きに手間取ったりして出発ぎりぎりでした。もともと一人で行くことにしていたので、飛行機に乗れさえすればいいと考えていましたから、慌てることはありませんでした。

税関ではパスポートを見せて、「グッドラック」って言われて、いよいよ日本を離れるんだと思うと、ちょっと気が引き締まります。ゲート台から、第一歩を飛行機にのせる時「コンニチワ」と日本語で言うではありませんか・外国へ出発の気がしませんでした。だって英語は「フォー・ミュンヘン」と言っただけですもの。

考えて見れば不思議だなー。国会図書館で誰かの眼に留らなかったら、または、本を見てくれて国際交流祭に推薦してくれなかったら、私は今こうして飛行機になんて乗っていないんだ。クロアチアへ来るなんて誰も考えていなかったのに今考えると全く不思議なことがあればあるものだ。これも天の法則に従っているのか。運命なのか。それにしても、これから先どうなるんか、

クロアチアの首都ザグレブ市内

ちょっぴり不安でした。第一、スピーチなんて「愛語」を話そうと思っているだけで、愛語には、廻天の力があるって言っても実例がないし、内容なんかほんの少しだし、でも十分位の話だから心配することないだろう。

飛行機は乗れば食事です。飛んでいる間に現地時間のお昼、夕食となるからだろうか。ドイツのミュンヘン空港で乗り換えです。乗り換え時に忘れてはならないのは、次のザグレブ行きに変更があるかないかを見落とさないことだ。それが出来れば心配ない。予定通りクロアチア行きがきました。結局クロアチアの首都ザグレブ空港到着は夜の八時でした。行程は行くのに二日、現地滞在が三日、帰りが二日の行程です。交流会のメンバーに迎えられてザグレブ到着、ホテルへ直行しました

長旅のせいか、すぐベッドに入り、あれやこれやと考えているうちに眠ってしまいました。

第一日目は晴れて素敵な気候でした。きっと何か良いことが起こりそうな気がしました。

九月が気候的には最も過ごしやすいのかな。ホテルの脇にサッカー場がありました。

そういえば新潟県十日町市に、この前クロアチアの人がサッカーの合宿で来ていたっけ、あのときの試合は日本が負けたっけ。

ホテルを出て歩道を歩いていると、乳母車の親子に出逢いました。お母さんは大きな体でお相撲の大鵬さん位あります。そんな方が、日本で今はやりのしゃれた乳母車でなく、終戦後はやったような乳母車を押して来るではありませんか。

この辺に「スーパー」ありませんか？「通じないのかな」「ストアー」ありませんか？　やっと分かってくれました。私の英語が通じた。バンザイ。

慈愛ノ心ヲオコシ　顧愛ノ言語ヲ　ホドコスナリ

安否ヲトウ礼儀アリ

私たちも今そこへ行くんです。ご一緒にどうぞと言うではありませんか。

いやー、助かったねー。この国では公用語はもちろんクロアチア語。小学校に入ると第二外国語として英語かドイツ語を選ぶのだそうです。そのお母さんは、英語を選んだそうです。それから、身振り手振りで英語を話しながら歩道を歩きました。

街路樹の下を一緒に歩きながら、世間話をしました。

元はユーゴスラビアという国でしたがそこから独立した事。

長い間内戦が続き、二十三年前に独立した事。

やっと平和になった事。

壁の穴は銃弾の傷跡だという事。

戦争ってなんにもいいところがない、二度としたくない。

インフラは随分良くなってはいるが、福祉厚生面はこれからとか。

まもなくお店。買い物が済むとまたご一緒。むろん私はワインも買いました。

その店の方も、自国の人に連れられた外国人のせいかサービスよろしく、値引きもしてくれました。

一緒に店を出ました。

乳母車に乗っていたのは大きな男の子。

　愛語ヲコノムヨリハ　ヤウヤク愛語ヲ増長スルナリ

　シカアレバ　ヒゴロシラレズ　ミヘザル愛語モ現前スルナリ

六年生位の小児麻痺でしょうか。歩けない障害児でした。

「いくつ」

「七歳」。お母さんが受け答えします。

かなり重度の障害児だなー。

徳アルハ　ホムベシ

「お名前は？」

「ダニー」

「大きなお子さんですねー」

見えざる愛語がだんだん見えて来るではありませんか。

ダニーちゃんというのね。

ダニーボーイの歌を思い出しました。一生懸命に練習したことのある曲です。

「ダニーちゃん、お歌を歌ってあげようね」

「あなたの歌ですよ。ダニーボーイと言うのですよ」

アイルランドの民謡です。

私が静かに手を握って歌い始めました。

おお、ダニーボーイ
愛しきわが子よ
いずこに今日は眠る
いくさに疲れた体を
休めるすべはあるか
お前に心を痛めて

眠れぬ夜を過ごす
老いたるこの母の胸に
おお、ダニーボーイ
おお、ダニーボーイ帰れ

♪「おおダニーボーイ」を歌い出しました。
ところが、ここで奇跡が起こったのです。
ダニーの胸に置いた手が歌に合わせて？・？・？
動き始めたではありませんか

愛語ヲ増長スルナリ

私は歌を思い出そうと懸命でした。
ひとりでに動かし始めたではありませんか、
(昔のロボットのように動きはじめました)
まさに奇跡。自分から進んでですよ。
動かして踊ろうとでも思ったのでしょうか。
とっさに歌を続けました。もうやめられません。
お母さんも知っていらっしゃったのか、小さな声で
にこにこしながら歌っていらっしゃいました。
ダニーちゃんも歌に合わせて踊ろう。
と、ばかりにダニー君、声を張り上げています。
アー…イー…キー…と、けんめいです。
歌に合わせてモノも言っているではありませんか。
あー上手い、上手い。拍手をしてあげたり、大忙し。
初めて出会った者同士。私はもうダニー君です。

この人は私の味方だと感じ合えたのですね。
「よだれ」をたらしたりハンカチで拭いたり、
歌に合わせて手をとったり、肩をさすったり、
時には名指揮者のようにタクトを振るかっこうをしたり、
取り合った手を上にあげたり、横へ動かしたり。
ところが、物凄い力で、手をふり払われたり、
私の手が邪魔だとばかりに、はじかれたり、
大奮闘。
歩道を歩いている人はどう思って見ていたでしょう。
私だって、どこのだれにも負けない名指揮者。
♪「いくさに疲れた…」
この辺から、お母さんの様子がおかしいです。
唇から歌が消えました。
大事に大事にダニーちゃんを扱ってきたろうか、

この子が私の子でなかったら、どんなに楽だろうとか、
この子が、ダニーちゃんがいなければ……
この子が…だったら、どんなに…
邪魔扱いしたこともあった、ご免ね。
ママが間違っていた、堪忍ね…
この私しか頼ることができないのに…
ママを許して…

世々生々ニモ不退転ナラン

ママの後悔は続きます
私は何をやって来たんだろう。
私って…。
地球の裏側の…知らない国の…。何分もたたないのに…。

くしゃくしゃな顔。今にも泣き出しそうです。
ダニーちゃんは、ますます張り切って
奇声（アー、キー、イー）を発しながら、歌に合わせようと必死です。
足でボールをけったり、バタバタしています。
肌の色の違い、言葉の違い、文化の違い、そんなものは関係ない。
私も手を振り、名指揮者。夢中です。
手をとってワルツのように揺れ、ダンスのようです。
ほっぺをさすったり、頭をなでたり、押さえたり。
ウワー、乳母車が壊れるー
♪「老いたるこの母の…」
ここが指揮者の一番の「振りどころ」
お母さんは、こんなことが現実にあるんだ。
とびっくり仰天。呆然としたり、唖然としたり。
その瞬間、大粒の涙が頬をつたって、

ぽろぽろっと大粒の涙が…
私の手の甲に落ち、はじけました。
もう止まりません。
恥も外聞もありません。
あわ、わって、口をついて出ました。
トキオ（東京）からきた見ず知らずの男が…。
何分もたたないのに…。
ああ私って…。

慈念　衆生　猶如　赤子ノオモヒヲ　タクハヘテ

言語スルハ愛語ナリ

私はもう、ダニーちゃんと一緒。心も動作も。

曲の終わりごろになると乳母車が壊れるんじゃないかと、思うくらい、大はしゃぎ、自分から進んで、歩けない足をばたばたさせ…。タオルでよだれを拭いたり、目頭を抑えたり、私も母も、ダニーちゃんの顔がもう…。熱いものが込み上げて来て、

♪「老いたる母の…」

ママはもう、歌っていられません…

歌の盛り上がる場面になると、お母さんは立っておられず泣き崩れたではありませんか、ダニーちゃんの嬉々とした姿に、感動もありました。今までの謝罪もありました。ダニー、ご免…抱きしめると同時に、込み上げた涙がほとばしり出たのです。道行く人もびっくり…。

思わず私はブラボー。これだ。
これを言うんだ、これこそ廻天の力だ。
ありがとう良寛さま。こんな経験は初めてです
震えが来ました。全身に…、手が止まりません
お母さんも、初めての光景・経験に、とうとうたまらず、
恥かしさは何処へやら…
大声を上げて泣いてしまいました。
まさに天地が逆回転。
日本人とクロアチア人、それに重度の障害児
確かに「能」のみにあらず、です。

徳ナキハ　アハレムベシ

愛語って言葉だけではありません。

徳がない人なんかいません。ただ見えないだけなんだ。
歌だって、踊りだって、
本人がその気になって、やる気にさせてあげれば、それも愛語なんだ。
♪「おお、ダニー…」
ママはもう泣くしか、すべはありません。
顔なんか見られません。外聞もありません。
三人とも、うずくまってしまいました。
ママさんは現地語で「…＊…＊…」
サンクスフォーエブリシング

木村家の台所で愛語に会って、あれから五十年、
今から五十年も前に木村のおばあちゃまと「真似しょいの」で始まった愛語。
いま、ヨーロッパで愛語の力、そのものを実際目の当たりにしたのです。

その興奮は、後になればなるほど強烈になって来ます。
「アー、良寛さま」思わず叫びました。良寛さま、有り難うございました。
お母さん、ダニーちゃん。
それに「ダニーボーイ」の歌、これらすべてが愛語を呼び寄せたんだ。

タヾ能ヲ賞スルノミニアラズ

コレゾ愛語ノ廻天ノカ《ちから》ナノダ

技なんか何も使ってない。ただダニーちゃんの友達でしかなかった。
良寛さまの言う、世々生々ニモ不退転ナラン、という愛語の力に、
とうとう、その奇跡に出会ったのです。

近頃の医学の進歩は素晴らしいから、こんなことには驚くにあたらんと言わ

れるかもしれないが、また音楽セラピーさんが見れば当たり前なのかもしれないが、私には全く奇跡としか言いようのない出来事でした。

私はもうその日一日中、愛語の廻天の力に興奮していました。

はやく記者会見の時が来ないかな。

この事を早く皆さんに報告したいものだと思っていました。


お母さんがあんなに涙を流したのは、なぜだ。お母さんの想いは…。

もう一度、ダニーの病気のこと考えなおそう。歩けるようにさせてあげられるのは私だけではありませんか。何とかお医者さんと相談して、歩けるだけでもいい…。

この、極東の日本からやって来た人が、わずか何分も経たないのに、もう仲良くなって、ダニーに歌わせてくれ、足をバタバタさせてくれて、やる気を引き出してくれた。

こんなことってある？　まるで魔法じゃないの。

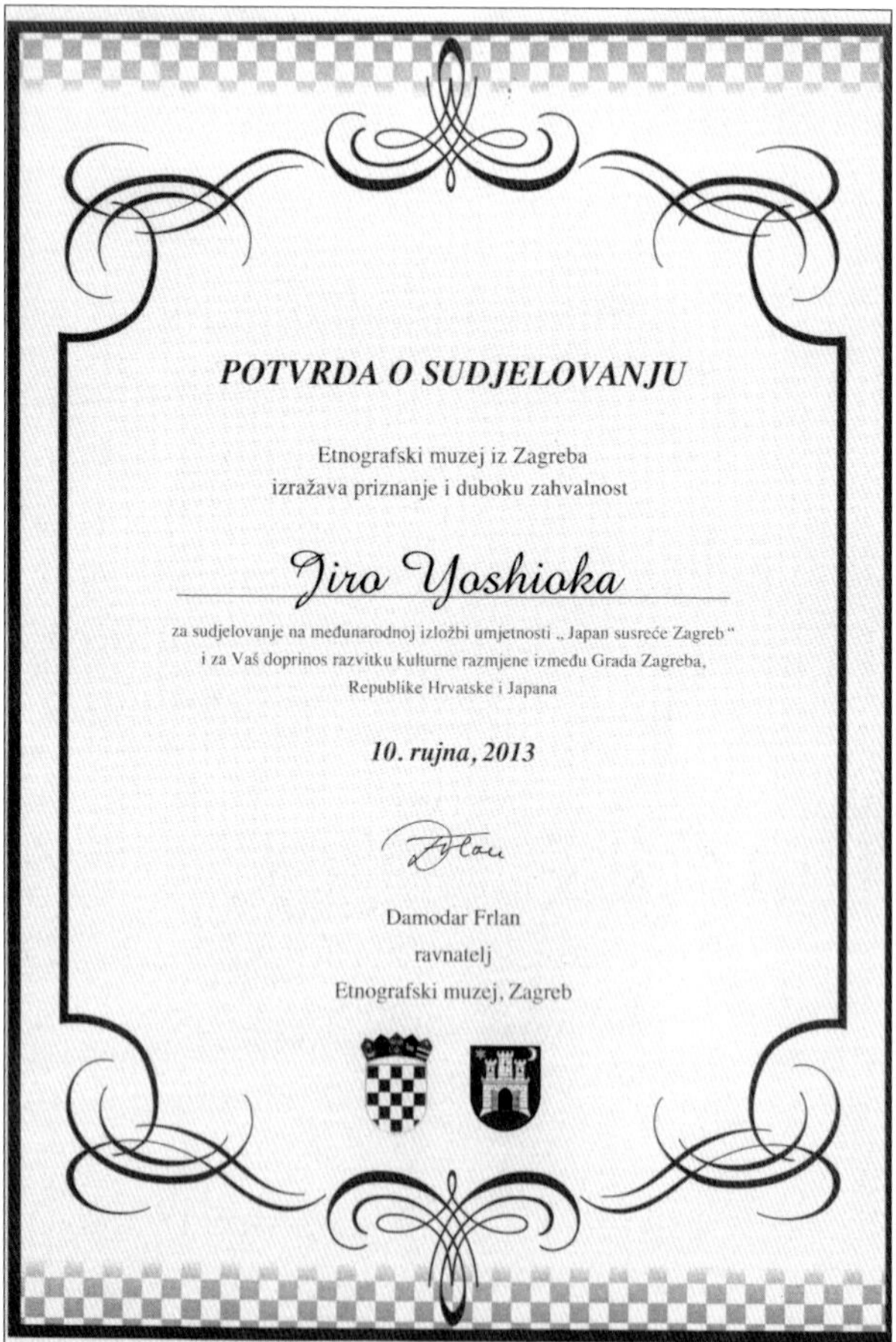

POTVRDA O SUDJELOVANJU

Etnografski muzej iz Zagreba
izražava priznanje i duboku zahvalnost

Jiro Yoshioka

za sudjelovanje na međunarodnoj izložbi umjetnosti „Japan susreće Zagreb“
i za Vaš doprinos razvitku kulturne razmjene između Grada Zagreba,
Republike Hrvatske i Japana

10. rujna, 2013

Damodar Frlan
ravnatelj
Etnografski muzej, Zagreb

「日本クロアチア国際芸術交流祭」に参加の感謝状

表彰式の前に、ザグレブ市内のイイラチッチ広場を街歩き

私は一体、七年間もダニーの世話をしてきたのに、「何してきたんだ」
自分に腹が立って、もういたたまれません。

君子ヲ和睦ナラシムルコト

「こんなに、はしゃいだダニーを見た事がなかった」
ワッチャーユー
どうすればいいの
今度から、もっと歌も歌ってあげるし、手足の運動もしてあげるし、何よりも歩けるようになろうね。ダニーちゃん。何よりもうれしかったのは、あなたが自分から進んで声を出したり、手足をバタバタして「元気を出してやるぞ」「自分から進んでやってやるぞ」って思ったこと。ママにはそれが何より嬉しい。
今まで、あなたが進んでやるようにしていなかったものね。

お家に帰ったら早速始めようね。

この事が一番大事なことだったのね。

ママが悪かったねー。御免なさーい。

サンクスフォーエブリシング。


ダニーちゃんは、ダニーで…。

私があんなに、はしゃげたのは何故だったんだ。

ママと話している人は誰だ？　今まで見たこともない人だなー。何か言ってるぞ、気持ちのいい歌だ。

僕の手を取ってくれたぞ。踊っているんだ。歌って踊っているんだ。この人、面白い。よーし、僕だって負けないぞ。こんなにいい天気。こんなに楽しい気分。よーし、負けないで踊るぞ。

歌って歌って「キーキーアーアー」。僕だって、だれかが歌ってくれれば、だれにも負けないで歌えるぞ。こんなにうまいんだぞー。お母さん。僕にもできることをさせて。
そうすれば、もっともっと体が動きますよ。動き回りたいなー
はじめて会ったおじさん、主役にさせてくれてありがとう。
主役が良いなー。

愛心ハ慈心ヲ種子トセリ

この次いつ会えるの、また会いたいなー。今度来るまでに歩けるようになるからね。

私は私で、やあ不思議だー。奇跡だー、震えが来ました。
こんなことがほんとうにあるんだ。
知らない国の、知らない街で、私は障害児と仲良しになって踊ったり、歌ったりした。誰でもない、この私に起きたのです。

あの日、あの時間、あの場所でしか起こらなかった。もう五分違ったら、ダニーちゃんに会えなかったんです。果たして偶然？　これこそ天帝の法則の上に乗っかって動いた。良寛さまのいう運命というものか。

歩道を歩いている人が不思議そうにのぞいていきます。愛語を書いた大きな紙が空からふんわり降りて来るような感じ、そうかと思うと紙吹雪が舞ったり、形容のしようがありません。何が何だか分かりません。これこそ廻天の力なんだ。良寛さまの愛語には嘘はなかったんだ。

それにしても、私って人に会って愛語で話してる？

今日の私はただ無我夢中、何にも考えなかったじゃないの…。

「何も考えないで、ただダニーちゃんの友達になる」。それでいいのだ。

腹を立てたことなんてなかった？　見返りを望むことなんか考えちゃだめ。

「無心」

それが、こんな素敵な廻天の力を見せてくれたのだ。

「この人かわいい、それだけ」声が聞こえるようです。

この国では福祉関係には、手が回らないようです。もっと小さな時から身体を動かしていたら…自省・反省、もっとしてあげれば…。

わが子が知らない者と嬉々としている姿に驚くと同時に、感情が大きな感動に代わって涙がほとばしったのでしょうか。

私の手をしっかりと握りしめ、肩をだきながら。泣きながら、サンキュー。サンキュウー、ベリマッチ。

私もつい涙がほほを伝って流れ落ちました。

愛語には廻天の力がある。確かにこの目で、体で体験しました。

心底「これこそ愛語の力。これが愛語の真髄」そう思いました。

その時だけの愛語でも構わないのかもしれません。ダニー君を見れば愛語なんていくらでも出てくる。

愛語ヲコノムヨリハ　ヤウヤク愛語ヲ増長スルナリ

シカアレバ　ヒゴロシラレズ　ミヘザル愛語モ現前スルナリ

私は本当にダニーちゃんのことを思って話しましたし、現実に歩く姿を想像しながら、慈愛の心でいっぱいだったと思いました。

別れる時、一緒に歌うこと、褒める事。出来たら、やれたら、抱きしめる事。と言ってあげました。これからでも遅くありません。

もう五年後には、ダニーちゃん、きっと歩けるぞ。「その気にさせること」それしかないのです。

さー、よし。これで明日の記者会見は、自信をもって話せます。

二日目はザグレブ市内観光でした。

滞在していた三日間とも素晴らしいお天気でした。市内の第一印象は落ち着いた美しい町だと、まず、感じました。

雑踏という感じがしない。東京の様な、または、パリの様な。建物の色彩が、ローマやウィーンと違ってセンスがとてもいい。大人の街だ、落ち着いた色調でしょう。

国全体ではインフラは進んでいるようですが、福祉の面ではどうかな。

三日目、いよいよ記者会見の当日

その日は、朝からさわやかなお天気でした。

会場は歩いて五分のところでした。ザグレブ民俗博物館でした

開会式はあっという間に過ぎました。続いて記者会見。

記者会見の席上、『島崎における良寛』と「愛語」について簡単に説明し、その後、愛語の廻天の力を説明。こんな素晴らしい事が起きるんですよ、と。

今から百八十年ほど前、私達の住む町・島崎に、良寛さまという偉いお坊様が住んでおられました。そして国が栄えるのも滅びるのも、言葉の乱れから来

展示会場で、通訳を前に記者会見

るのだ、だから「愛語」を使いましょう。優しい言葉。慈愛に満ちた言葉。赤ちゃんに対した時の様な気持で、お話をお互いしましょう。使っていると、愛語には、怨敵をも、権力者をも、仲良くさせてくれる力を持っています。

それは、面とむかって良い点を褒められれば嬉しいものですし、影でうわさされたらもっと嬉しいものです。

愛語には天地をひっくり返す力があることを、この地クロアチアで学びました。

そこでダニーちゃんの例を出して話しました。障害者でも通じ合える。知らない者同士さえ感動で抱き合える。本当に心の底から反省させられ、明日への躍進を持ち合える。

聴衆の眼が私に注がれています。前もって配っておいた拙著と愛語の英訳を身振り手振りよろしく話しています。背筋がぞくぞくします。通訳が上手に私の呼吸をつかんで、現地の言葉に訳してくれます。

ダニーと母親の話が、よほど聞いてくれた人の心に響いたのでしょう。みなさん。愛語を使いましょう。優しい言葉を今日から死ぬまで使ってください。一番大切なことは、まず夫婦で優しい言葉で話すのです。その言葉を聞いて育った子供は、学校で愛語を話すでしょう。そうすると、学校中が愛語に充ちて来ます。そうすれば、地域が愛語に充ち満ちて来ます。

国全体が愛語に充ちた時こそ、真の平和が来ます。その平和の元は愛語です。愛語は愛心より起こります。

クロアチアの皆さん。平和を長続きさせるために私達とともに頑張りましょう！

クロアチア万歳!!

通訳がうまく訳してくれたんでしょう。会場からは、ひときわ大きな拍手が起こりました

愛語は、「優しい慈愛の言葉」です。大事なことはその中に「慈しみの心

開会式　民俗博物館長とザグレブ市長（中央）、駐日大使（国旗の前）

（愛）」がなければなりません。心に愛があれば、日ごろ見えない愛語が見えてきます。その知られざる愛語が、自分で立ち上がろうとさせてくれるのです。

世界平和は遠い遠い先の話です。しかし皆さん、第一歩を踏み出すのはこの会場の皆さんです。「俺が、私が、まず先に」って、率先して第一歩を踏み出してください。

まず、夫婦で愛語。そして家庭から愛語を始め、温かな愛情につつまれた子供にしてください。家庭から始まった愛語は、子供が見ています。育っていきます。そして小学校へと輪が広がります。その輪はまた、隣近所へと広まって行くでしょう。

やがては国全体に広がり、そして国と国同士が必ず仲良くなりましょう。

平和への第一歩が愛語なんです。

これは命の続く限り、愛語を続けなければなりません。ここに集まられた皆さん、言葉も肌の色も違います。しかし、言葉や文化が違っても、今から愛語を始めましょう。

世界平和の為に頑張りましょう！

クロアチア万歳!!

通訳のお陰で、会場から、さらにひときわ大きな拍手が起こりました。

愛語は言葉だけではありません。歌もあれば、動きもありました。

「愛語」は日本だけのものでも、もちろんありません、世界に自由と平和をもたらす共通言語なんです。乳母車の例でお分かりでしょう。きっと愛語を使っておれば、サプライズが起きたり、現れるものが出てくるはずです。

セレモニーは、両国・EUの国旗。その前で、クロアチア大使。ザグレブ市長などの挨拶・交流会の儀式があり、私は記念品と賞状をいただいてきましたが、しかしこれは、ダニー君と母親からもらった物です。

愛語に出会ってから約五十年。廻天の力は全く信じていませんでした。いや忘れていたといった方が本当かも知れません。廻天の力に出会って、心が変わったように思います。これからの生活にもっともっと生かしていきたいと思うと、気持ちがわくわくします。愛語に終わりはありません。死がそこに来るまで続けましょう。
良寛さまは愛語の力を信じ、こうなることをも、お見通しだったんですね。おばあちゃまの「愛語を、おらも真似しょいの」がいつも聞こえてきます。まだまだ良寛さまには近づけませんが、死ぬまで懸命に「愛語」ですね。クロアチアで乳母車の親子との出会い。思い出すたびに新鮮な感動の震えが来ます。やっと愛語の扉を叩いたところです。一生続けましょう
良寛さまに学ぶとは、真似ぶことです。真似することです。出来るところを真似することです。行動を起こすことです。
今後はさらに、良寛さまの「よーく、話を聞く」「よーく、考える」。そして、「愛語で話すこと」を実践することです。
愛語の実践に、皆様とともに学びたいと思います。
実践がなければ絵に描いた餅
おばあちゃまの「真似しょいの」

開会式の場で表彰式

が聞こえて来ます。

帰国の機内、
シートベルトをおしめください。

飛行機の翼が大きく揺れ、ガタゴト動き始めました。

スーッと音がしなくなりました。

機体の前方が上がりました。

ダニーちゃんとはもう会えないのだ。「さようなら」、寂しさが目の前をよぎりました。

せめて車椅子なしで…。

自分の名前くらい書けるように…。

自分の名前が言えるように…。

歩けるように、動き回っていてほしい。

私は家内をがんで亡くし、車椅子生活がどんなに厳しいものかを身にしみて分かっているだけに、ダニーちゃんを自分のものとして考えたのかもしれないが、とにかくあの時は無我夢中でした。
現実は、とにかく切ないものです。

国際芸術祭への参加後、約一ヵ月半たったころ。郵便です。開けて見て驚いた。

大きな賞状です。訳文を見て、また驚いた「金メダル」です。

それは最優秀賞ではありませんか。
まさに僕にとって、国際賞。「金メダル」です。

ダニーちゃん、ありがとう。見えるかい、聞いているかい。

とっさに、賞状を高く掲げ
ダニー君とお母さんに思いをはせました。
輝ける未来の為に頑張っていますか。
歩けるようになるだけでも頑張ろう。
やってますか～。「頑張ってますね」
私の声が聞こえますか。『ありがとう』
きっと聞こえる。きっときっと聞いてる。
ア・ク・シュ！
ガ・ン・バ・ロー！

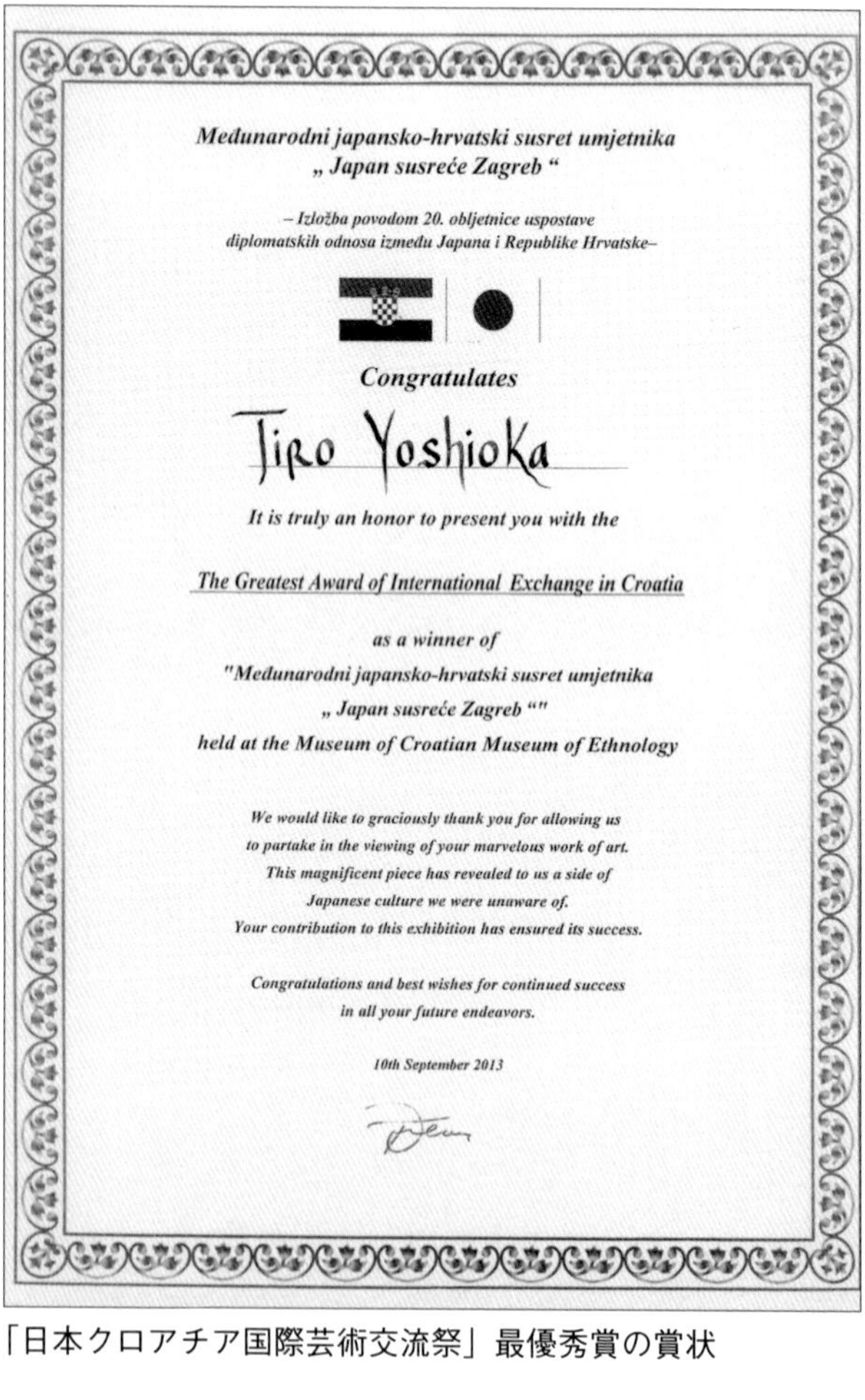
Međunarodni japansko-hrvatski susret umjetnika
„ Japan susreće Zagreb “

– Izložba povodom 20. obljetnice uspostave
diplomatskih odnosa između Japana i Republike Hrvatske–

Congratulates

Jiro Yoshioka

It is truly an honor to present you with the

The Greatest Award of International Exchange in Croatia

as a winner of
"Međunarodni japansko-hrvatski susret umjetnika
„ Japan susreće Zagreb “"
held at the Museum of Croatian Museum of Ethnology

We would like to graciously thank you for allowing us
to partake in the viewing of your marvelous work of art.
This magnificent piece has revealed to us a side of
Japanese culture we were unaware of.
Your contribution to this exhibition has ensured its success.

Congratulations and best wishes for continued success
in all your future endeavors.

10th September 2013

「日本クロアチア国際芸術交流祭」最優秀賞の賞状

＜訳 文＞

日本クロアチア国際芸術交流祭

～ クロアチアEU加盟記念展 ～

祝

吉岡二郎 様

ザグレブ民俗学博物館において開催された
「日本クロアチア国際芸術交流祭 ～クロアチア EU 加盟記念展～」
の受賞者として、

クロアチア国際交流最優秀賞（館長賞）

を授与し、ここに栄誉を称え表彰します。

この度は、素晴らしい美術作品の展覧会に参加させて頂き、
心より感謝申し上げます。
この秀逸な作品は、我々が気付かなかった日本文化の
素晴らしさを教えてくれました。

貴殿の貢献のおかげで本展覧会は成功を収めることができました。
ここにお祝いの言葉と、貴殿の未来における継続的な成功を
お祈り申し上げます。

2013 年 9 月 10 日

ザグレブ民俗学博物館　館長　ダーモダル・フラン

最優秀賞の賞状（訳文）

あとがき

事実は小説より奇なり
ダニー君が現れ、記者会見で、平和の話にまで発展した。そして最優秀賞。お坊さんのように、それなりの修行したわけではありません。また、それほど愛語を真剣に使ったわけでもありません。また、それほど優秀な教員という訳でもありません。良寛さまを懸命に勉強したからか、いやそれほど夢中になっていたわけでも、「おばあちゃま」のように心底、畏敬の念をあらわしていたわけでもありません。拙著『島崎における良寛』が読者の心を動かしたとでもいうのでしょうか。いや、それほどでもないと思います。

どれもこれも中途半端ではありませんか。

それなのに、これほどの賞がもらえたなんて全く「小説より奇なり」ですね。

残るのは、これから余すところの人生、一生を愛語に生かせるか、でしょうかね。

二度も三度もこんな経験はないかもしれません。いや、あるかもしれません。どうせならあると思って生きて見たいものです。

そういえば、こんなことがありましたね。

合唱コンクールでピアノを任されたんですが、おばあちゃまに話したら、それは練習以外にはないだろう。何の事はない。「練習、また練習ですよ」と、一笑にふされました。

道元さんが、「一本の矢が的に当たったのは、百当たらなかったお蔭なんだって」「いっぱい当たらない矢があって、失敗したお蔭で、今の一当があるんじゃないの。いっぱいこと、失敗しなされや」

「続けることが大事なんであって、練習以外に上手になる方法は無いだろうなー」

まさにその通り、休まず続けることが上達への早道でしょう。（当り前のことが…）

この時の結果は残念ながら失敗でした。

ところで、大事なことは、この失敗を必ず次の「一当」に生かそうと思う事でしょうね。

おばあちゃまが「真似しょいの」には、学ぶという知識だけのものと、そこには、必ず「行動しましょう」という行動力が含まれているのです。特に「愛語」は実際に行動そのものです。そこを忘れないでください。

そういえば良寛さまには、実践・行動を伴わないものはありませんからね。

木村家では「蔵」を開放し、これは皆さま方から見てもらった方が、どれほど良寛さまが、お喜びになるかもしれませんという温かいお気持ちからでしょう。良寛さまの宝物は皆展示し、年に何回か入れ替えて展示を行っていらっしゃいました。

今では良寛の里美術館に寄託され皆さんの為にと、何時でも鑑賞できるように残してあります。どうぞ美術館に足を運んで見られてはいかがですか。

良寛さまの愛語を隅から隅まで知り尽くしたうえで、そうおっしゃるのですから「ズシリ」と重みがあります。

ところで、「正法眼蔵」の中の「四摂法《ししょうほう》」は愛語を使う上でも大変大事なことなのであります。

托鉢でお米をもらう場合でも、お米は何回も何回も、それこそ、八十八回も手を加えないと「お米」にはならない。その感謝の気持ちを込めてお布施をしてあげるのです。

「利行」についても、愛語を話すうえで、相手の為にどうすれば、役に立つか、利益になるかを考えて話すという事になれば、まさに利行という事になりましょう。

最後の「同事」ですが子供と遊ぶ場合、その子と同じ気持ちや立場に立って、毬つきや鬼ごっこをしなければ子供がついて来ません。

布施、利行、同事が、愛語と一緒にならなければ、愛語が生きて働かないのです。良寛さまは愛語を四摂法の中心におかれただけの事です。

振り返って考えて見れば、あの歩道の、あの街路樹のもとでは、ダニーちゃんと手に手を取って遊んだ時、元気づけたし主役に仕立てたし、ダニーちゃんと同じ目線に立って物事を考えたし、同じ仲良しの友達になって遊んでいたなー。

この「無心こそ、一番大事にしたいのです」

遊んでいるときには、この子をこうしてあげようとか、この子がこうだから、こうしなければとか、そんな考えはいらないのです。その子と無心になって話しをすればいいのです。

良寛様は、この愛語を生活の中心として来られました。

現職の頃、音楽コンクールが盛んでした。

「吉岡君、今年の子供の音楽は、決勝まで行けないのー」とか、「今年の子供は東京に行って優勝するぞー」と教頭先生が断言するではありませんか。

「ええ?」

「俺は音楽のことはよく分からん。しかし、決勝に行ける時は子供の姿勢が違うし、挨拶の仕方、楽器の持ち方が違うもの、良い子になっているもの。きっと行ける、分かるさー」

教頭先生の言うとおりになっていました。

挨拶を良くしろ。楽器はていねいになどと、一回も言ったことがないのに…と思ったものです。結果ってものは、あとから着いて来るものですね。

文は人なり。まだまだ勉強が足りませんが、皆様の教えに感謝しながら筆を置きます。

「真似しょいの」

平成二十四年三月吉日

吉岡二郎記す

著者略歴

吉岡二郎（よしおか じろう）

昭和８年 長岡市生まれ
新潟大学卒業後、教職に就く
桐島小学校勤務時代に木村家に下宿
以後、良寛を敬慕、研究
教諭、教頭、校長を経て退職
教育委員会に５年間、勤務
著書『島崎における良寛』ほか

愛語の奇跡　**良寛さまの「愛語」に廻天の力を見た**

2015年2月1日　発行

著　者　　吉岡二郎
発行者　　柳本和貴
発行所　　株式会社考古堂書店
〒951-8063　新潟市中央区古町通４
TEL.025-229-4058（出版部直通）
印　刷　　株式会社ウィザップ

ISBN978-4-87499-829-8 C0095

愛語

愛語ト云ハ衆生ヲ見ルニマヅ慈愛ノ心ヲオコシ顧《コ》愛ノ言語ヲホドコスナリホヨソ暴《ボウ》悪ノ言語ナキナリ世俗ニハ安否ヲトフ礼儀アリ佛道ニハ珍重ノコトバアリ不審《シン》ノ孝行アリ慈念衆生猶如赤子ノオモヒヲタクハヘテ言語スルハ愛語ナリ徳アルハホムベシ徳ナキハアハレムベシ。愛語ヲコノムヨリハヤウヤク愛語ヲ増長スルナリ。シカアレバヒゴロシラレズミヘザル。愛